AF498039

EXAMEN

DE

LA QUESTION:

Si les Inscriptions des Monumens Publics doivent être en Langue Nationale?

A AMSETERDAM,

ET SE TROUVE A PARIS,

Chez les LIBRAIRES qui vendent les Nouveautés.

M. DCC. LXXXIII.

(1)

AVERTISSEMENT.

On a vu dans le Journal de Paris les Lettres de M. Roucher & les Réponses d'un Anonyme, sur la question que je traite dans ce petit Ouvrage. J'ai pensé que M. Roucher, borné par le peu d'espace que lui laissaient la forme & l'objet du Journal, n'avait pu développer toutes les raisons qui favorisent son opinion. Mais celle de son adversaire, soutenue d'une maniere spécieuse & spirituelle, mérite assurément d'être discutée. C'est l'objet de cet Ecrit ; il est fort court, & peut-être ne l'est-il pas encore assez pour une question de cette nature.

Au reste, je n'ai point lu les Ouvrages de Charpentier, ni du P. Lucas. M. l'Abbé Batteux avait soutenu, à l'Académie des Belles-Lettres, l'opinion de Charpentier contre M. Le Beau, partisan des Inscriptions en Langue Latine.

A 2

Mais leurs Mémoires n'ont point été imprimés, & je n'en ai point de connaissance.

Les raisons sur lesquelles j'établis mon opinion m'ont paru si naturelles, que je serais étonné qu'on ne les eût pas développées avant moi. Mais enfin, je me hâte de les publier, à-peu-près telles qu'elles se présenterent à mon esprit, & que je les écrivis il y a quelques jours. Le temps que j'emploierais à polir le style de ce petit Ouvrage, n'ajouterait gueres à son peu de mérite, & me ferait perdre celui de l'à-propos. Ces sortes de bagatelles ne veulent point de retardement. Des choses plus importantes ont bien de la peine à fixer deux jours de suite l'attention du Public de cette Capitale. Déjà le Journal de Paris vient de publier une Lettre, dans laquelle on fait très-bien sentir les inconvéniens de traduire en Latin nos titres de dignité, & cette Lettre ne me laisse plus que les moyens de forti-

(5)

fier l'opinion de l'Auteur, en multipliant
les exemples. Je me perfuade cependant
qu'il eſt encore temps de préſenter cette
brochure aux Lecteurs, & qu'une queſtion, à la fois nationale & littéraire,
peut les intéreſſer. Si je me ſuis trompé
je follicite leur indulgence en faveur
du peu de temps que je leur aurai fait
perdre. Que d'Ecrivains ont répandu
l'ennui à plus grande doſe !

J'ai cru devoir faire imprimer la
Lettre de l'Anonyme, dont je difcute
les opinions.

Paris, ce 10 Février 1783.

Après avoir applaudi, Messieurs, au zele
patriotique de M. Roucher en faveur de la Langue
Françaiſe, & à la maniere ingénieuſe & adroite
avec laquelle il a ſu placer l'éloge du Roi dans la
Lettre qu'il vient de vous adreſſer, il eſt, je crois,
néceſſaire de revenir ſur les points principaux
de la queſtion qu'il veut abſolument difcuter,
& qui, comme j'ai déjà pris la liberté de le lui
obferver, a été jugée *irrévocablement* du temps
de Louis XIV.

Tous les prolixes raiſonnemens du champion

A 3

de la Langue Françaiſe, qui ſe préſenta alors, ſe réduiſent à celui-ci : Les Inſcriptions étant faites pour la Nation aux yeux de laquelle on les expoſe, doivent être entendues du Peuple, & par conſéquent conçues en Langue vulgaire, & non pas en une Langue étrangere & morte qui n'eſt connue que des Gens de Lettres. Auſſi, quoique la Langue Grecque fût, de l'aveu même des Romains, ſupérieure en beauté à la Langue Latine, quoiqu'ils l'étudiaſſent avec autant de ſoin que nous étudions aujourd'hui la Langue Romaine, cependant les bronzes & les marbres ont preſque toujours parlé latin à Rome & en Italie. Il eſt donc bien plus raiſonnable, c'eſt même imiter beaucoup mieux les Romains, d'employer notre Langue dans nos Inſcriptions, que d'emprunter la Langue Latine. Voilà ce que Charpentier a dit de plus fort, & c'eſt encore ce que M. Roucher fait valoir aujourd'hui.

Le Pere Lucas y avoit répondu d'avance : je n'examinerai pas ſi ce Jéſuite *eſt peu fait pour paſſer à l'immortalité* ; je voudrais ſavoir ſeulement ſi M. Roucher a lu le petit Ouvrage de cet Homme de Lettres eſtimable. Quoi qu'il en ſoit, voici la ſubſtance de ſes raiſons. Les monumens ſont érigés & pour tous les ſiecles &

pour tous les Peuples. Le nom même de monument , dit Cicéron (1) , en fait connaître la
nature ; ils font deftinés à rappeller à la Poftérité la mémoire des grands Hommes plutôt
qu'à les flatter de leur vivant. On choifit pour
leur conftruction les matériaux les plus dura-
bles ; il faut donc que les Infcriptions foient
conçues en une Langue qui puiffe durer autant
que les marbres. Or , il en eft des Langues
comme des hommes : elles bégayent dans leur
enfance ; elles ont leur jeuneffe ; c'eft l'art des
métaphores & des hyperboles : parvenues au
point de maturité , elles déclinent bientôt vers
la vieilleffe. Dans un flux perpétuel , tant qu'elles
font foumifes à l'ufage , leur état n'eft fixe que
quand elles font affranchies des caprices de ce
maître impérieux ; ce n'eft que par la mort
qu'elles parviennent à l'immortalité. Une Langue battue fans ceffe & comme broyée dans la
bouche d'un Peuple, ne peut toujours conferver
fon intégrité ; c'eft ce qui n'eft jamais arrivé à
nos Langues Européennes, & ce qui n'arrivera
jamais. Les Langues Orientales , d'une confti-
tion plus forte & moins fufceptible d'altération ,
s'ufent moins promptement , peut - être encore

______

(1) *Fragm. Epift. ad Cafar.*

parce que les Orientaux parlent & écrivent moins que nous.

La ſeule différence qui ſe trouve entre le cours variable des Langues & celui de la vie humaine, c'eſt qu'elles n'ont pas de marque certaine qui les avertiſſe de leur décadence. Chaque ſiecle croit poſſéder la perfeḍion de ſon langage ; chaque ſiecle ſe flatte de mieux parler que le ſiecle précédent, & de ſervir de modele à la Poſtérité. Les Ecrivains contemporains ſe couronnent mutuellement; ils plaignent leurs devanciers de n'être pas venus plus tard, & ne ſoupçonnent pas même que leurs ſucceſſeurs puiſſent porter d'eux le même jugement. Le ſiecle de Séneque préférait ſa diḍion à celle de Cicéron ; un certain Rufus, Rhéteur du temps de Juvénal, traitait Cicéron d'Allobroge (1) : il n'eſt pas juſqu'au demi-barbare Symmaque, qui croyait mieux parler que cet Orateur, & ſes contemporains étaient du même avis.

Notre Langue, dit-on, eſt maintenant parfaite; elle ne changera plus. J'admets volontiers la perfeḍion de notre Langue ; mais quant à ſon immutabilité, un coup-d'œil ſur les ſiecles paſſés peut donner quelqu'inquiétude. La Langue

---

(1) Satyr. VII.

Française, encore au berceau, se croyait déjà parfaite. Le Roman de *la Rose* passa pour un modele d'élégance. Marguerite d'Ecosse ne baisa les levres d'Alain Chartier, endormi, que par admiration pour l'éloquence du personnage ; elle pensait, avec toute la Cour de Charles VII, que jamais bouche française ne parlerait un plus beau langage. Amyot fut l'Oracle de son temps. Le grand Corneille a vieilli. Pascal même & Racine vieilliront peut-être. Le premier vit depuis cent-trente ans, & l'on cite cette longue vie comme un phénomene. Combien de mots, combien de tours de phrases ceux d'entre nous qui ont passé cinquante ans n'ont-ils pas vu périr ? combien en ont-ils vu naître ? Si les Arts & les Sciences, qui jusqu'à présent avaient eu leur langage à part, continuent leurs incursions dans la Langue vulgaire, bientôt elle ne se reconnaîtra plus. Déjà nos Livres de Morale, de Politique, d'Economie & même de Littérature, ramassent les termes de Chymie, de Physique, d'Algebre, de Géométrie. Ce ne sont que *raisons inverses*, que *réflexions*, *réfractions*, *réactions*, *révulsions*, *expansions*, *explosions* & même *gravitations*. Chaque système, en passant au travers de notre Langue, y laisse son empreinte ;

jamais peut - être elle ne fut dans une fi vio-
lente fermentation.

Je le répete ; s'il eft vrai que notre Langue
ne puiffe plus rien acquérir, j'en félicite notre
fiecle : mais je crains pour notre Poftérité. Il eft
difficile de fe tenir long-temps dans le point de
perfection ; & fuivant le procédé de la Nature,
ce qui ne croît plus diminue, ce qui ceffe de
s'améliorer dégénere.

Nous ne pouvons donc, raifonnablement,
nous flatter que notre Langue demeure pendant
plufieurs fiecles telle qu'elle eft aujourd'hui ;
l'ufage en eft le maître comme il eft celui des
modes. Les Infcriptions Françaifes qu'on gra-
verait maintenant fur les marbres pourraient de-
venir un jour auffi inintelligibles que le feraient
actuellement celles qu'on aurait faites il y a cinq
cents ans. Le Latin eft certainement entendu
d'un plus grand nombre de perfonnes, que le
Français de Villehardouin & de Joinville.

Mais, dit-on, & c'eft une objection triom-
phante qu'on ne ceffe de répéter, les Grecs &
les Romains n'ont - ils pas fait ufage de leur
propre Langue dans les Infcriptions ? C'eft la
voix de la Patrie qui fe propofe d'exciter dans
le cœur des compatriotes des fentimens d'admi-

ration, d'émulation, de reconnaissance ; elle doit donc se faire entendre au Peuple.

Cette raison est spécieuse ; tâchons d'y répondre & commençons par les Grecs. Ils ont composé leurs Inscriptions dans leur Langue , & dans quelle autre auraient - ils pu les composer ? Aurait-ce été dans celle des anciens Pélarges , ou dans la Langue Egyptienne ou Phénicienne que parloient Inachus , Danaüs , Cadmus , lorsqu'ils passerent en Grece ? L'objection aurait quelque force , si nous prétendions que nos Inscriptions dussent être conçues en Celte , en Teuton ou en Bas-Breton. La Grece était barbare quand les Colonies d'Egypte & de Phénicie y arriverent : point de sciences , point de livres , point de monumens d'aucune espece. De ce mêlange d'idiômes divers , se forma une Langue parfaite qui fit oublier toutes les autres , & cette Langue était la seule qui fût entendue dans la Grece. Les Grecs savans , ainsi que les plus ignorans , n'en connaissaient point d'autre ; leurs monumens ne pouvaient donc parler un autre langage.

Quant aux Romains , la Langue Grecque ne leur était pas encore connue , qu'ils avaient déjà des Inscriptions. Leurs monumens parlaient

déjà & ne pouvaient parler que Latin, avant
que la conquête de la Grece les eût mis à portée
d'en apprendre la Langue. Dans la fuite leur fierté
naturelle ne leur permettait pas d'emprunter le
langage d'une Nation vaincue & méprifée. Ils
fe perfuadaient que tout ce qui leur appartenait,
& même leur Langue, était fort au-deffus de
tout ce que poffédaient les Grecs. Il faut entendre Cicéron fur cet article : quoiqu'il con-
vienne en un endroit (1) que la Langue Grecque eft répandue dans une plus grande étendue
de Pays, il ne balance pas de dire ailleurs (2)
que la Langue Latine eft plus riche & plus
abondante que la Grecque, ce qui eft évidem-
ment faux. La vanité Romaine allait jufqu'à ne
pas daigner parler aux Etrangers la langue qu'ils
entendaient ; c'eût été déroger à la majefté de
la République d'employer un autre langage que
le fien, comme de quitter la toge. Cicéron fut
blâmé d'avoir parlé grec dans le Sénat de Syracufe, où l'on n'entendait pas le latin (3). Mais
indépendamment de cette raifon frivole, il y en

---

(1) *Pro Archia.*
(2) *De Finib.* Lib. 1 & 3.
(3) *In Verr.* Lib. 4.

avait une plus folide qui empêchait les Romains d'employer le grec dans leurs Infcriptions : la Langue Grecque était alors vivante , & par conféquent fujette aux variations. Pourquoi l'auraient-ils préférée fur les monumens qui devaient paffer à la Poftérité ? Ce n'eft , comme je l'ai dit , que quand une Langue a ceffé d'être vulgaire qu'elle devient inaltérable. La Poftérité comparant alors les différens fiecles de cette Langue , met le prix à chacun de ces fiecles : elle fe décide en faveur de celui qui a produit le plus grand nombre de beaux Ouvrages ; elle le marque du fceau de l'immortalité. C'eft ainfi qu'entre tous les âges de la Littérature Grecque nous donnons l'avantage au fiecle de Sophocle, d'Euripide , de Platon, de Démofthene, & que ceux qui veulent écrire en latin fe propofent pour modeles les Auteurs du fiecle de Cicéron & de Virgile.

Les Infcriptions font faites pour le Peuple ; il faut donc qu'il puiffe les entendre. Je répéterai à cet égard ce que j'ai déjà dit; que les Infcriptions font encore plus faites pour les Etrangers; qu'elles font plus faites pour les fiecles à venir que pour celui qui a été témoin des actions dont elles éternifent la mémoire. Le Peuple ne doit pas être privé du plaifir de les lire, à la bonne heure ; il aime à voir fur les marbres ce qu'il a déjà dans le cœur : mais combien dans chaque Pays fe trouve-t-il de perfonnes qui n'entendent pas le Latin ? On peut dire qu'à l'exception des femmes , ce n'eft qu'au dernier ordre des Citoyens que cette Langue eft étrangere. Or , fi l'on retranche de cette claffe tous ceux qui ne favent pas lire , tous ceux qui ne lifent jamais , tous ceux qui n'entendent pas même ce qu'ils lifent , on trouvera qu'en ne confidérant que le nombre des Lecteurs , il y en a beaucoup moins qu'on ne croit à qui les Infcriptions françaifes foient néceffaires. Je mets à part l'autre moitié du genre-humain ; j'avoue qu'il y a peu de femmes qui s'occupent de la Langue Latine : mais peuvent-elles manquer d'interpretes ? Ce que la Langue Françaife perdra de fes droits en cette circonftance, tournera au profit de la galanterie nationale.

Ce n'eft point à moi à prononcer fur les conclufions du *grand Avocat-Général*(1), c'eft au

---

(1) Ce grand Avocat-Général eft M. de Voltaire , qui penfait que les Infcriptions devaient être en langue nationale , & qui trouvait ridicule qu'on changeât les

Public, c'eſt aux Peuples de toute l'Europe. Tous ces Peuples, excepté les Grecs, dans tous les ſiecles, depuis que la Langue Latine y eſt connue, ſe ſont accordés à s'en ſervir pour illuſtrer les perſonnages & les événemens dont ils voulaient répandre & perpétuer la mémoire. La Langue Italienne a les mêmes prétentions que la nôtre ; elle eſt, comme la nôtre, fille de la Langue Latine, & pourrait même réclamer le droit d'aîneſſe : elle eſt abondante, expreſſive, harmonieuſe ; elle ſe plie à toutes ſortes de ſujets. Sa littérature eſt riche & étendue ; on la parle dans toutes les Cours où l'on parle la nôtre ; elle a des Théâtres chez toutes les Nations de l'Europe. Toutefois elle a toujours reconnu & reconnaît encore l'avantage de la Langue Latine pour les Inſcriptions. Notre Langue ne ſera pas ſans doute plus vaine ni plus préſomptueuſe. Tant qu'elle ſera ſujette aux révolutions inévitables aux Langues vulgaires, elle doit laiſſer à la Langue Latine le ſoin de parler pour elle ſur les monumens publics à tous les âges & à tous les Peuples.

---

noms de *Rocroi* & de *Fontenoy* en *Rocroſium* & *Fonteniacum*.

M. Roucher ſemble me reprocher de garder l'anonyme : mais s'il trouve encore ici des *paradoxes*, mon nom eſt trop obſcur pour les faire valoir ; ſi ce ſont des vérités, il voudra bien me permettre de lui répondre comme Nicomède à Attale :

Seigneur, ſi j'ai raiſon, qu'importe qui je ſois ?

J'ai l'honneur d'être, &c. Un Savant en *Us.*

EXAMEN

DE LA QUESTION :

Si les Inscriptions de nos Monumens doivent être en Latin ou en Français ?

L'ESPRIT & la politesse du style de l'Anonyme qui vient de repliquer à M. Roucher, prouvent assurément qu'il n'est pas un Savant en *US*; & le masque qu'il a pris peut le cacher, mais non le travestir.

Quelque spécieuses que soient ses raisons, j'ose n'être pas de son avis, & je lui soumets mes réflexions sur les quatre Questions suivantes.

1°. Est-il vrai que les Langues vivantes s'alterent toujours aussi vîte qu'il le prétend ?

B

2°. Eſt-ce par un orgueil déplacé, & parce que la Langue Grecque était vivante, que les Romains ne mettaient pas d'Inſcriptions Grecques ſur leurs monumens ?

3°. Eſt-il vrai que la plupart des Lecteurs entendent le Latin, & qu'il ne faut pas faire d'Inſcriptions pour le Peuple ?

4°. Enfin, n'y a-t-il pas des inconvéniens ſans nombre à inſcrire nos monumens dans la Langue morte d'un Peuple, dont l'eſprit & les uſages différaient totalement des nôtres ?

PREMIERE QUESTION.

Les Langues vivantes s'alterent-elles toujours auſſi vîte que le prétend l'Anonyme ?

CETTE premiere Queſtion eſt en elle-même indifférente à la queſtion principale, car s'il exiſte des inconvéniens infinis à ſe ſervir pour les Inſcriptions d'une Langue étrangere, ainſi que je

le démontrerai , notre Langue ferait pré-
férable , quand même elle ferait aussi
susceptible de variations que le prétend
l'Anonyme.

Aussi ne veux-je qu'éclaircir & discu-
ter ce qu'il dit de la continuelle mobi-
lité des Langues vivantes.

Il me semble que les idées qu'on
peut prendre de leur perfection , ne
font pas tout-à-fait arbitraires ; & que
jusqu'à certain point , on peut prévoir
les altérations qu'elles font dans le cas
d'éprouver.

Il existe deux causes d'altération pour
les Langues ; les causes extérieures, &
les causes intérieures. Les extérieures
font l'asservissement ou les conquêtes
d'un Peuple , son mélange avec d'autres
Nations , les changemens qu'éprouvent
sa religion , ses mœurs , ses usages , son
gouvernement.

Les causes intérieures font celles
qu'une Langue porte en elle-même , à
force d'être maniée par les Ecrivains ,
&, comme le dit l'Anonyme , battue &
broyée dans la bouche d'un Peuple.

Les caufes extérieures font celles qui alterent le plus fortement une Langue ; elles finiffent même quelquefois par la détruire.

Ce font elles qui ont perdu les Langues Grecque & Romaine. Comment les Grecs affervis par Philippe, par les fucceffeurs d'Alexandre , par les Romains, par les Turcs , & bientôt peut-être par la Ruffie, ayant changé tant de fois de religion , de mœurs, de gouvernement, auraient-ils confervé la pureté de leur ancien langage ? Les malheureux ! ils l'ont corrompu au point de fubftituer aujourd'hui dans leur Poéfie l'ornement groffier des rimes, à cette mefure harmonieufe & cadencée , qui flattait l'oreille délicate de leurs ancêtres.

Ainfi la Langue Latine s'eft perdue par l'afferviffement de Rome & l'invafion des Barbares , & par les bouleverfemens que ces caufes ont produites dans fa religion , fes mœurs , fes loix , fon ancien efprit.

Si les Langues orientales paraiffent

à l'Anonyme d'une conſtitution plus ro-
buſte que les nôtres, cela ne viendrait-
il pas de ce que la forme du gouvernement de ces Peuples n'a jamais varié;
de ce qu'ils ſont très-attachés à leurs
uſages, à leurs mœurs, à leur religion?
Eſt-il vrai qu'on doive l'attribuer à ce
qu'ils parlent & écrivent moins que nous?
Sommes-nous bien ſûrs que les Perſans
& les Chinois ſoient ſi taciturnes? Et
ſi, comme on le dit, ces derniers ſont
grands complimenteurs, ne doivent-ils
pas être de grands babillards, puiſque
le babil conſiſte à dire des choſes frivo-
les? D'ailleurs, depuis 2000 ans que les
Chinois forment un corps de Nation, &
qu'ils cultivent les Lettres, comment
croire qu'ils n'aient pas une énorme
quantité de Livres?

Les cauſes d'altération qu'une Langue
porte en elle-même, la travaillent beaucoup, juſqu'au moment où la Nature
amene enfin un ſiecle de lumiere, & où
une foule de beaux génies compoſent
des Ouvrages qui raviſſent l'admiration
de leur ſiecle, & de la Poſtérité. Alors

le langage fe fixe pour long-temps , &
ne peut fe dégrader que quand la Nation fe dégrade elle-même , en retom-
bant dans la barbarie.

Ainfi , plufieurs fiecles après les Démofthene & les Sophocle, la Grece fai-
fait fes délices de la lecture de leurs
Ouvrages, ce qui eft une preuve fans re-
plique que les formes du langage avaient
très - peu varié. Les Grecs au temps
de Lucien entendaient infiniment mieux
ces grands Ecrivains, & même Homere,
que nous n'entendons aujourd'hui le
Français de Villon ou de Villehardouin.

Ainfi , au temps de Quintilien, & long-
temps encore après lui , Cicéron & les
bons Auteurs du fiecle d'Augufte étaient
les modeles qu'on propofait à ceux qui
voulaient écrire.

Et pour paffer des Anciens aux Modernes , nous voyons que la Langue des
Italiens a été beaucoup plutôt fixée que
la nôtre , parce que le beau fiecle de
leur littérature a précédé celui de la
littérature françaife. Leur Langue a
beaucoup moins fubi d'altérations depuis

le Taſſe juſqu'à Metaſtaſe, que la nôtre
de Marot à Voltaire.

Rien ne prouve mieux, peut-être,
combien les Langues ſe perfectionnent
& ſe fixent dans les ſiecles féconds en
hommes de génie, que l'hiſtoire de notre propre Langue. Ses variations ont
toujours été moins rapides, à proportion
que les Lettres ont été plus cultivées.
Elle changea perpétuellement du XIe
ſiecle au XVIe. François Ier, qui fit fleurir
les Lettres, lui vit prendre une forme
plus réguliere ſous la plume des Amyot
& des Montagne. Enfin Louis XIV pa-
rut, & les beaux génies qui ornerent ce
regne célebre, la porterent à ſa perfection.
Depuis plus de 100 ans, on peut dire
qu'elle n'a pas varié. Mais ce qui eſt
remarquable, c'eſt qu'il y a infiniment
plus loin du langage qu'on parlait cent
ans avant Montagne, à celui de cet Ecrivain, que de ſon élocution à celle du
XVIIe ſiecle. Pourquoi la Langue, depuis Louis XIV, a-t-elle éprouvé ſi peu
de changemens, ſinon parce que les grands
Ecrivains ont ſu lui donner une forme

plus durable ? Que font , en effet , les grands Ecrivains ? Ils diftinguent dans leur Langue les tours de phrafe qui lui appartiennent effentiellement , de ceux qui font peu analogues à fon génie , qu'un ufage abufif tolere quelque temps , & rejette enfuite. Voilà ce qu'ont fu démêler les Pafcal , les Boffuet , les Racine, & ce qui fera durer long-temps leurs Ouvrages. C'eft le grand fecret qu'a éminemment poffédé M. de Voltaire. Jamais rien de furabondant , rien de décharné dans fon ftyle ; pas une expreffion hazardée , pas un tour de phrafe louche & embarraffé. De-là le plaifir inexprimable qu'on éprouve en le lifant ; & je fuis perfuadé que les Ouvrages de ce grand Homme conferveront encore la fraîcheur de la jeuneffe, après plufieurs fiecles.

Tout s'altere. Le mauvais goût fuccede au bon, je le fais ; on veut être neuf, on enchérit fur ceux qui nous ont précédés, on outre les métaphores , on préfere le gigantefque au naturel, & le brillant au fimple. Mais ces vices

du ftyle n'alterent que bien peu le
matériel de la Langue. Tant que l'ancien Grec & le Latin ont été des Langues vivantes, ceux qui les parlaient
entendaient fort bien les Ecrivains des
fiecles de Périclès & d'Augufte; & ce
demi barbare Symmaque, dont parle l'A-
nonyme, tout en traitant Cicéron d'Allobroge, l'entendait mieux que nous n'en-
tendrions aujourd'hui l'ancien Français
de Joinville. Pourquoi donc, à préfent
que notre Littérature a eu fon beau fiecle, les Auteurs qui l'ont illuftré &
qui doivent long-temps fervir de modeles à nos neveux leur deviendraient-ils
inintelligibles?

D'ailleurs, fi nos monumens font faits
pour la Poftérité, nos Infcriptions font
faites pour nos monumens, & ne dureront pas plus qu'eux. Ne dirait-on pas
que nous les élevons indeftructibles,
comme les Pyramides d'Egypte, & que
notre Langue ne furvivra pas à nos marbres? Et quel inconvénient que le ftyle
de nos Infcriptions vieillît un peu avec
le temps? Françaifes, elles feront tou-

jours plus intelligibles que Latines. Les
Romains eux-mêmes affectaient dans les
leurs une ortographe & des expreſſions
ſurannées. Mais nous reviendrons encore
ſur ces conſidérations à la fin de ce petit Ouvrage.

SECONDE QUESTION.

*Eſt-ce par un orgueil déplacé , & parce
que la Langue Grecque était vivante ,
que les Romains n'en faiſaient pas uſage
dans leurs Inſcriptions ?*

L'AUTEUR inſiſte beaucoup ſur cette
ſeconde raiſon, & la préſente avec beaucoup d'art ; cependant s'il y avait eu
à Rome, au temps de Cicéron , des partiſans des Inſcriptions Grecques, comme
on trouve à Paris des partiſans des Inſcriptions Latines , ils auraient pu faire
valoir avec beaucoup de chaleur les
avantages de la Langue Grecque.

« Pouvez-vous , auraient-ils dit , ne
» pas regarder la Langue qu'ont parlé
» les grands Hommes du ſiecle de Pé-

» riclès , comme une Langue immor-
» telle ? N'entendra-t-on pas éternelle-
» ment leurs Ouvrages ? Que parlez vous
» de Langues changeantes ? inscrivez
» vos monumens dans la Langue d'Ho-
» mere & de Platon , & je vous garan-
» tis qu'ils feront lus & compris par les
» hommes instruits de tous les siecles.
» Votre Langue est - elle fixée ? avez-
» vous des Ouvrages comparables à
» ceux des célebres Ecrivains de la Gre-
» ce ? Votre Lucilius , votre Pacuvius ,
» votre Plaute , votre Ennius , feront un
» jour des Ecrivains barbares , dont vos
» descendans se moqueront ».

Je présume que le Sénat de Rome ,
peu touché de ces déclamations , aurait
répondu aux partisans du Grec : « Qu'im-
» porte que le Grec vous paraisse une
» plus belle Langue que la nôtre ? Nous
» sommes Romains ; ce sont nos grands
» Hommes , nos Victoires , notre Na-
» tion , notre Langue , que nous vou-
» lons immortaliser. La Grece avait des
» Archontes , des Ephores ; nous avons
» des Consuls , des Dictateurs , des Co-

» mices, des Centuries, des Peres-Conf-
» cripts. Où trouverons-nous tous ces
» termes dans la Langue Grecque ? Dé-
» naturerons-nous fous des terminaifons
» grecques, les noms de nos grands
» Hommes, les lieux illuftrés par nos
» victoires, & les rendrons-nous par-là
» méconnaiffables à nos Concitoyens,
» & à notre Poftérité » ?

On voit donc que, fi les Romains ont fait leurs Infcriptions en langage Romain, ce n'était point parce que la Langue Grecque était vivante.

L'Anonyme le fent lui-même, puifqu'il obferve que Cicéron fut blâmé d'avoir harangué en Grec le Sénat de Syracufe, quoiqu'il fut obligé de parler cette Langue pour fe faire entendre.

Un noble orgueil national guida les Romains. Toute Nation d'un génie élevé penfera comme eux. Je fais que nous ne fommes pas des Romains ; mais fi l'érection des monumens peut fervir à ranimer l'amour patriotique, en intéreffant les Citoyens de tous les ordres aux grandes chofes faites dans la Patrie ,

certes ce ferait être bien mal habile ,
que de leur en préfenter l'explication
dans des énigmes indéchiffrables pour la
plupart d'entr'eux.

Si les Nations modernes l'ont fait ,
c'eft que le refpect pour l'érudition &
pour les débris de Rome a été le même
par toute l'Europe ; c'eft qu'on y a ufé
long-temps par-tout de jargons barbares.
Mais celles de ces Nations qui font for-
ties de l'enfance , doivent s'effayer , &
faire ufage de leurs propres reffources.
Je ferais bien étonné que les monumens
publics élevés en Angleterre depuis un
ou deux fiecles fuffent infcrits en Langue
étrangere.

Que les érudits , toujours prévenus en
faveur des Langues mortes , pefent cependant avec attention les confidérations
que nous venons de leur préfenter ; &
qu'ils examinent fi l'amour qu'une Nation a pour elle-même , fi le fentiment
de fa dignité n'eft pas propre à lui inf-
pirer de grandes chofes.

Je le répete , nous ne fommes pas des
Romains , & ce ne fera pas par des Inf-

criptions en Langue nationale que nous
le deviendrons. Je fais que le principal
eft de faire des actions dignes d'Infcriptions & de Monumens. Mais, puifque
les Monumens fuppofent les actions,
quand nous aurons fait quelque chofe
de grand, fervons-nous de notre Langue pour l'écrire.

TROISIEME QUESTION.

*Eft-il vrai que la plupart de ceux qui
lifent entendent le Latin, & qu'il ne
faut pas faire d'Infcriptions pour le
Peuple ?*

Il femble aux érudits que tout le
monde fache la Langue Latine, à-peu-
près comme les Plaideurs croient que
le monde entier s'occupe de leur affaire.
Sur cent perfonnes qui ont fait leurs
études, il n'y en a pas quatre qui, dix
ans après, fachent deux mots de Latin ;
tant le nombre de ceux qui cultivent leur
efprit eft rare, même dans ce fiecle où les
Lettres font fi florissantes ! Combien de

braves Chevaliers de S. Louis n'entendent pas le latin de leur Croix? Ces deux mots françois, *Prix du courage*, plus courts que *Bellicæ virtutis præmium*, leur seraient fort intelligibles, & ils les liraient avec plus de plaisir.

L'Anonyme élude adroitement l'objection qui regarde les femmes ; mais il fait, comme tout le monde, qu'une traduction du latin des médailles, ne sera jamais auprès d'elles une galanterie d'un grand mérite, ni à la portée de beaucoup de gens, fort aimables d'ailleurs.

Et ce Peuple, il faudra donc toujours le compter pour rien ! Et vous aussi, Savans, vous conjurés contre lui ! Aveugles que nous sommes, ne sentirons-nous jamais à quel point l'excès de son abrutissement nous déshonore ? Vraiment, il faudrait bien autre chose pour l'éclairer que de mettre nos Monumens à sa portée : mais enfin, pourquoi dédaigner ce moyen de l'instruire ?

Si au lieu de toutes les Inscriptions Latines qui couvrent le piédestal de la

Statue d'Henri IV, on eût mis cette Inscription Française si simple :

HENRI QUATRE,

Vainqueur et Pere de ses Sujets,
s'occupait de leur bonheur,
lorsqu'il tomba sous le poignard
du Fanatisme,
l'An 1610;

Croit-on qu'un homme du Peuple lût une telle Inscription sans être ému ? croit-on qu'il ne se ferait pas expliquer l'histoire de ce bon Roi, & qu'aux regrets qu'il donnerait à sa mémoire, il ne joindrait pas un sentiment d'horreur pour les atrocités que le fanatisme fait commettre ? Et ne serait-ce pas l'intérêt du Gouvernement d'inspirer au Peuple de tels sentimens ? Aujourd'hui il ouvre de grands yeux, prend les Inscriptions pour du grimoire, & passe son chemin sans que le Monument lui laisse d'autre idée que celle d'un homme à cheval.

Tout Gouvernement éclairé lui-même ne craindra point d'éclairer le Peuple.

Par

Par la nature des chofes on a plus à redouter en lui le défaut que l'excès des lumieres, puifque la multitude n'a pas le temps de s'inftruire. Laiffer le Peuple dans la ftupidité & la baffeffe, & vouloir en même temps en impofer aux autres Nations, par notre magnanimité, par notre courage, par tout ce qui fait des Héros & des Patriotes, c'eft une abfur-dité.

De tous les moyens d'élever un peu fon ame, celui de mettre à fa portée les Infcriptions de nos Monumens eft certainement le moindre : mais c'eft le plus facile, le moins fujet à inconvéniens ; & les effets qu'il pourrait produire font fi peu à dédaigner, que je les regarde comme le motif le plus preffant pour mettre les Infcriptions en Langue Fran-çaife.

C

QUATRIEME QUESTION.

N'y a-t-il pas des inconvéniens sans nombre à faire nos Inscriptions dans la Langue morte d'un Peuple, dont l'esprit & les usages étaient tout différens des nôtres ?

C'EST ici que M. Roucher me paraît triompher de son Adversaire, qui n'a point du tout répondu aux conclusions du *grand Avocat-Général*. Je serais fâché que le silence de l'ingénieux Anonyme eût l'air du dédain pour les opinions d'un homme tel que Voltaire ; car je le crois digne de les adopter ou de les combattre. Essayons de les développer.

Nos Inscriptions veulent souvent transmettre à la Postérité des noms de personnes & de lieux, & des titres de dignité. Or je dis qu'on ne peut traduire en Latin les noms sans les défigurer, ni trouver dans cette Langue d'expression corrélative à la plupart de nos titres de dignité.

A l'égard des noms, je n'en veux

d'autre preuve que l'Hiſtoire de de Thou.
Il n'eſt point de lecteur qui ne ſoit à chaque
inſtant arrêté par leurs terminaiſons latines,
ou qui ne croie lire l'hiſtoire d'un Peuple
étranger. Cette conſidération ſeule ſuffi-
rait pour donner la préférence aux Inſcriptions en Langue vulgaire. Comment
veut-on que les Etrangers, que la Poſtérité s'intéreſſent à nos événemens, à nos
victoires, s'ils ne peuvent reconnaître ni
les lieux où nous les avons remportées,
ni les Généraux auxquels nous en ſommes
redevables ? Dira-t-on qu'il faut reſpecter
les noms propres & ne pas les latiniſer ?
Mais cette bigarrure rend le ſtyle de
votre Inſcription barbare : autant & mieux
vaudrait l'avoir faite en Langue vulgaire.
Il faut ſe conformer au génie de la Langue
dans laquelle on parle. Une Langue, en
recevant des mots étrangers, les dénature
pour les aſſimiler à ſa ſubſtance. Ainſi le
Taſſe a changé Godefroi de Bouillon en
Goffredo di Buglione. Ainſi les Chinois,
qui ne peuvent faire ſonner notre *r*
ni deux conſonnes de ſuite, changent,
ſuivant le Pere Souciet, le nom de

(36)

France en celui de *Fu lan ce* & Stockholm en *se tuyau co li ma*. Et pour parler des Latins, ainsi César appelle *Vercingintorix* un Chef Gaulois, dont le nom Celtique n'était assurément pas tel. Une Reine de Bretagne est nommée par Tacite *Boudieca*, & par un autre Auteur, *Boundovica*, laquelle s'appellait probablement, en Breton, plutôt *Boundouich* ou *Boundwik*, que Voadice, comme l'a nommée l'Abbé de la Bléterie. Les Auteurs de la basse latinité ont ainsi altéré tous les noms Francs : ils ont fait de Clotaire *Clotocarius*, de Gombaud *Gundebaldus*, de Garnier *Varnacharius* : tant il est de l'essence de toute Langue de défigurer la plupart des noms étrangers qu'elle adopte ! Le Latin, qui admet des déclinaisons, y est encore plus obligé que les Langues où les noms sont indéclinables. Ce serait donc une barbarie de mêler à du Latin pur des mots étrangers qu'il rejette ; & il faut ou les latiniser, ce qui est une barbarie d'un autre genre, ou faire l'Inscription en Langue nationale (1).

―――――――――――――

(1) Dans l'impossibilité de latiniser les noms

Mais l'inconvénient pour les titres de dignité n'eſt pas moins grave : la plupart n'ont point de corrélatif en Latin. Comment exprimerez-vous un Maréchal de France, un Amiral, un Garde des Sceaux, un Procureur-Général, un Secrétaire d'Etat ? Vous pourriez, pour quelques-unes de nos dignités, recourir à des expreſſions de la baſſe latinité, ce qui ferait déjà un mauvais mêlange ; mais il y aurait encore cet inconvénient, que les fonctions de certaines dignités ayant changé, le mot Latin qui les exprimait n'y convient plus. Ainſi, par exemple, le Connétable qui dans les commencemens était un Officier de la Maiſon du Souverain, chargé de l'inſpection des Ecuries, pouvait alors s'appeller *Comes ſtabuli*. Mais que ſignifiait cette

____

propres, quelques Modernes, pour les traduire, les ont décompoſés, par un miſérable jeu de mots, en d'autres termes qui n'y ont aucun rapport. Ainſi un Traducteur latin d'Anacréon (ce n'eſt pas Henri Etienne), ayant dédié ſon Ouvrage à un M. *de Montaureau*, l'appelle dans une Ode Latine *Mons Aureus*.

C 3

dénomination, après que le Connétable fut devenu le Chef de tous les Gens de guerre?

Comment traduirez-vous en Latin le titre d'*Intendant* de Province? Vous servirez-vous du mot *Procurator*, affecté par les Empereurs à des hommes de confiance, chargés des intérêts du fisc? ou préférerez-vous *Missus Dominicus*, qui était, sous nos anciens Rois, le titre donné, par une commission passagere, à un Officier, chargé de parcourir les Provinces pour écouter les plaintes du Peuple & le garantir de l'oppression?

Nos Echevins pourraient s'appeller *Scabini*, comme on les appellait dans la basse latinité. Mais voyez que leur goût pour une latinité plus exquise, les a déterminés à s'intituler pompeusement *Ædiles*. Que ne vous faites-vous peindre Messieurs les Ediles dans une chaise currule, & que ne donnez vous au Peuple des fêtes & des spectacles à vos frais (1)?

____

(1) Si un Etranger, lisant sur nos Monumens

Nous appellons en latin un Maître des requêtes, *Libellorum supplicum Magister*, Maître des livrets supplians ; & comme *Libellus* veut dire en latin libelle, aussi-bien que livret, on ne sait ce que signifie cet assemblage de mots. Nous faisons d'un Lieutenant-Civil, un *Prætor urbanus* ; d'un Colonel, un *Tribunus Militum* ; d'un Duc, un *Dux*, quoique le *Dux*, sous les premieres races, fût le Commandant d'une Province, lequel en conduisait tous les Habitans à la guerre : mais les Ducs d'aujourd'hui ne font plus cela ; & certainement le titre de Duc ne suppose pas essentiellement les qualités d'un Chef de Guerriers.

Autre inconvénient ; les noms latins que nous donnons à certaines dignités, peuvent facilement les faire confondre

publics, *Præfectus & Ædiles posuére*, me demandait ce que signifie *Præfectus*, je serais fort embarrassé de lui répondre. J'ignore en effet si ce mot veut indiquer le Prévôt des Marchands, ou le Gouverneur de Paris, qui représente à la tête du Corps de Ville dans les occasions importantes.

avec d'autres offices qui n'ont rien d'illustre. *Regi à fecretis* veut-il dire Secrétaire d'Etat, ou Secrétaire du Roi ? Est-ce un Conseiller au grenier-à-sel, ou un Conseiller d'Etat, que dans une Epitaphe on dit être *Regi à Consiliis* ? Ainsi souvent les mêmes mots latins présentent deux idées différentes. *Comes* veut dire Comte & compagnon ; *Miles* Gentilhomme & soldat ; *Eques* Chevalier & Cavalier, ce qui est fort différent (1).

Enfin, outre les noms propres & les titres de dignité, la différence des usages & des mœurs a donné naissance à une infinité de choses qu'on ne peut exprimer en Latin.

Pour traduire une bombe, un mortier, un canon, vous êtes obligé de vous servir de cette expression vague : *Tormentum bellicum*. Vous n'en avez aucune pour fusil, pistolet, baïonnette. Il faudrait

____

(1) N'est-ce pas une belle chose que d'avoir mis du Grec sur une mauvaise barraque servant de Corps-de-Garde : *Poleôs epifcopoi* ? Et l'équivoque du mot *Epifcopoi* ne fait-elle pas là un bon effet ?

pourtant parler de baïonnettes & de fu-
fils, fi l'on élevait un monument au Chevalier d'Affas ?

Dirai - je que vous avez les mêmes
inconvéniens pour les noms de lieux ;
que quelquefois leur nom latin a changé
dans les différens fiecles, & qu'ainfi vous
ne favez auquel donner la préférence ? Le
Portugal , comme la force du mot l'indi-
que , s'eft appellé *Portus Galliæ* , & plus
anciennement, *Lufitania*. Les Anglois fe
font appellés *Angli*, & plus communé-
ment *Britones* , ou *Britanni*. L'Efpagne a
porté fucceffivement les noms de *Bætica*,
Hefperia, *Hifpania*.

Mais que dirons-nous des noms latins
de pays , qui ne peuvent repréfenter
exactement aujourd'hui ces mêmes pays,
parce que les limites en font changées ?
Francia eft un mot barbare ; mais la
Francia de Charlemagne ne repréfente
plus la France d'aujourd'hui, & la *Gallia*
des Romains n'eft pas davantage notre
France , puifqu'elle ne comprend plus
les Allobroges , les Helvétiens , les Ba-
taves , c'eft à dire une partie des Habi-

tans de la Suisse & de la Flandre, non plus que la Hollande, la Savoie & le Piémont.

Plus on multipliera ces exemples, comme il est aisé de le faire, & plus on éprouvera les inconvéniens sans nombre des Inscriptions Latines (1).

----

(1) Je vais en fournir ici un exemple d'un autre genre. Supposons que la situation des finances du Roi permît, dans quelques années, à sa bonté paternelle de soulager son Peuple du poids de quelqu'impôt, les Gabelles, par exemple : assurément une telle opération mériterait que la reconnaissance nationale la consacrât par quelques Monumens. Car les Victoires remportées par un bon Prince sur son propre fisc, ne sont pas moins glorieuses que sur les ennemis de l'Etat; & les impôts excessifs qui pesent particuliérement sur le Peuple, sont des ennemis intérieurs plus terribles que ceux du dehors. Si donc on consacrait, par un Monument public & une Inscription, cette bienfaisance du Souverain, comment les partisans des Inscriptions Latines exprimeraient-ils ce vilain mot de *Gabelle*, dont l'Antiquité n'a jamais eu d'idée ? *Tributum salis* ne le rend point ; car le Roi pourrait supprimer les Gabelles, & conserver un impôt sur les salines, plus modéré, plus simple, & moins onéreux que les Gabelles, & par conséquent tout différent.

Il eſt donc évident que nos uſages,
nos loix, nos mœurs, nos titres de dignité, nos noms de lieux, nos noms propres ne peuvent s'exprimer bien qu'en
français ; & que c'eſt une vraie barbarie
de les dénaturer, en les faiſant en-
trer de force dans une Langue étrangere.

Ajoutons à toutes ces conſidérations, que qui prouve trop, ne prouve
rien. Or, il réſulteroit des raiſons de
l'Anonyme, que nous ferions bien, non-
feulement d'infcrire en Latin tous nos
monumens, mais encore d'écrire ainſi
tous nos Ouvrages : car s'ils font faits
pour la Poſtérité, ſi nos Langues font
changeantes, pourquoi ne pas les confier
à une Langue qui foit à l'abri de toute
variation ? C'eſt vainement qu'on fe plaint
de trouver tous les noms défigurés dans
la belle Hiſtoire latine de de Thou ; c'eſt
vainement que les Sciences, devenues
beaucoup plus étendues qu'au temps
des Anciens, demandent une foule de
mots nouveaux pour des chofes nou-
velles ; c'eſt vainement que ces mots ne

peuvent augmenter le Dictionnaire d'une Langue morte, quoiqu'ils aient augmenté les Dictionnaires de nos Langues vivantes. Ecrivons en Latin, & l'Histoire, & les Mémoires de l'Académie des Sciences, comme avait fait l'Abbé Duhamel, & ceux de l'Académie des Belles-Lettres ; écrivons tout en Latin, ne parlons même que Latin, & n'ayons point de Langue à nous.

On sait qu'un Membre distingué de l'Académie des Belles-Lettres s'occupe depuis plusieurs années d'un Ouvrage très-intéressant, qui nous fera connaître le plus beau siecle de la Grece, & dont le Public a déjà vu avec plaisir un échantillon. Personne n'écrit mieux en français que l'Auteur. Qui osera lui conseiller de composer cet Ouvrage en latin, dans la vue d'assurer plus solidement sa gloire auprès des Etrangers & de la Postérité ? adopterait-il ce conseil ? or quelle bonne raison aurait-on de faire pour les Inscriptions, ce qu'on ne fait pas pour les Livres ?

Que dis-je ? les Livres ne sont que

pour les Savans, les Infcriptions pour tous les ordres de Citoyens. Les Livres font cachés dans les Bibliotheques, les Infcriptions font expofées à la vue de tout le monde. Les Livres nous féquef-trent de la Société, les Infcriptions nous ramenent à notre Nation, à la Patrie. Quand tous les Livres feraient en Latin, il faudrait que les Infcriptions fuffent en Français.

Mais, dira-t-on, les Etrangers, pour qui les Infcriptions font principalement faites, favent le Latin, & ne favent pas notre Langue. — Les Etrangers qui viennenr parmi nous, favent notre Langue, ou veulent l'apprendre. Ils veu-lent connaître nos ufages, nos mœurs, & le Latin les leur expliquera mal. Quoi ! notre Langue eft répandue dans toute l'Europe, elle eft devenue la Langue diplomatique de tous les Princes, & nous ne profiterions pas de tous les moyens de la rendre célebre ? & ce fe-rait dans notre Capitale, au centre de la Nation, que nous lui fubftituerions une Langue étrangere ?

Mais notre Langue embarraffée d'articles, fe fervant difficilement de l'ablatif abfolu, eft moins précife, & par conféquent moins propre aux Infcriptions que la Latine. —— Je pourrais répondre d'abord, qu'avant d'écrire en Latin, il faudrait être fûrs que nous l'entendons bien & que nous le parlons purement; & je montrerais facilement, après M. d'Alembert, que nous fommes bien éloignés de pouvoir prétendre à cette certitude. Il eft vrai que Virgile & Cicéron ne renaîtront pas pour nous tirer d'erreur.

En fecond lieu, quoique la Langue Latine foit plus précife, ce n'eft point une raifon pour l'affecter à nos Infcriptions. C'eft comme fi l'on difait que nous ne devrions jamais entendre de mufique fur des Poëmes français, parce que la Langue Italienne eft plus muficale que la nôtre; & cependant les Gretry, les Gluck, les Sacchini, les Piccini, l'ont pliée à leur mufique.

Le Génie dompte la Langue la plus rebelle; il la rend fouple & obéiffante.

La Langue eft une efclave, & ne doit qu'obéir.

Ce qui n'empêche- pas qu'à d'autres égards, tout Ecrivain ne doive à cette esclave beaucoup de respect.

Notre Langue manque-t-elle d'énergie & de précision sous la plume de la Bruyere & de Montesquieu ? d'abondance & de noblesse, sous celle de M. de Buffon ? Fénelon & Voltaire n'ont - ils pas su lui donner une douceur, une grace, une suavité enchanteresses ? C'est au génie à concilier la simplicité, la noblesse & la précision des Inscriptions, avec le caractere de notre Langue (1); & s'il est obligé de faire quelquefois des sacrifices, il saura les racheter par des beautés.

Mais enfin, dira-t-on encore, les Inf-

---

(1) L'Inscription Latine de la Place de Louis XV est très-précise. *Quòd pacem bello, pace suorum & Europæ felicitatem quæsivit.* Cependant notre Langue peut à-peu-près la traduire en aussi peu de mots.

Il chercha la paix dans la guerre, & dans le bonheur de l'Europe celui de son Peuple. Cette traduction ne contient pas plus de syllabes que le Latin.

criptions font faites pour la Poſtérité.
— De quelle Poſtérité parlons - nous ?
Tant que les Français formeront un corps
de Nation , les Monumens écrits dans
notre Langue intéreſſeront plus nos deſ-
cendans , que ceux écrits en Latin ; &
quand la Nation Françaiſe aura diſparu
comme ces grands Empires des Aſſyriens,
des Babyloniens , &c, que nous importe
ce que la terre dira de nous ? C'eſt à
la Poſtérité , qui prendra intérêt à notre
mémoire , qui aura conſervé quelque
choſe de nos mœurs & de nos uſages,
qui ſe plaira à nous appeller ſes Peres ,
que nous devons deſirer de tranſmettre le
ſouvenir de notre exiſtence : le reſte nous
eſt indifférent. D'ailleurs , quand notre Nation aura diſparu , j'eſpere que les Langues
Latine & Grecque ſeront elles - mêmes
totalement oubliées depuis long-temps ;
car il ne faut pas ſe flatter que les Langues anciennes parviennent par la mort
à l'immortalité : une ſeconde mort plus
complette que la premiere les attend.
Un jour viendra qu'on ne ſaura pas plus

de

de Grec & de Latin , qu'on ne fait la Langue du Peuple Tartare, qui, fuivant M. Bailly , cultiva le premier l'Aftro-nomie.

Horace difait qu'on lirait fes vers ,

Dum Capitolium
Scandet cum tacitâ Virgine Pontifex.

Horace fe trompait en tout fens. Ses vers ont duré plus qu'il n'a dit, & dureront moins qu'il n'a cru. On les lit encore , quoiqu'une Veftale filencieufe ne monte plus les degrés du Capitole à côté du Pontife : mais en attachant leur durée à celle de l'Empire, il voulait exprimer qu'elle ferait éternelle, & elle ne le fera point. On aura beau faire , l'étude des anciennes Langues ira toujours en déclinant. Autrefois tous les Romains inftruits favaient le Grec , à-peu-près comme tous les Français inftruits favent le Latin. Maintenant combien peu de gens croyent favoir le Grec , & entre ceux-là combien peu le favent en effet ! Dans quelques fiecles , il en fera du Latin , comme il en eft du Grec aujourd'hui. Toutes les Nations cultivant les Lettres, on préférera d'étudier la Langue & la Littérature de celles qui s'y feront le plus distinguées. Reculons de quelques siecles encore, & notre Langue elle-même deviendra une Langue morte ; les Savans seuls la parleront. Enfin un âge viendra où le souvenir en sera presque effacé ; & si on déterre alors quelque Monument qui retrace les restes informes de notre écriture, ce ne sera pas une moindre gloire pour le Savant de ce temps-là, qui pourra déchiffrer nos caracteres, que ce n'en a été une pour le Savant de nos jours qui est parvenu à déchiffrer ceux de Palmire.

Cet effet du progrès des siecles me paraît infaillible. Dans ces sortes de choses, il ne faut que du temps pour avoir raison. J'avoue que la perte des grands Auteurs de l'Antiquité serait déplorable, si elle n'était pas remplacée. Mais quoi ! nous aurons toujours plus à savoir que nous ne pourrons apprendre. Où en serions-nous, s'il nous fallait connaître une foule de chef-d'œuvres dans douze ou quinze Langues anciennes, si nous avions à lire les histoires détaillées des temps qui ont précédé le Déluge? Les Sciences sont comme un horizon très - étendu, où notre vue s'étend de tous côtés avec plaisir, mais au - delà duquel sont de plus vastes espaces interdits à nos regards. Ces réflexions me consolent de la perte de la Bibliotheque d'Alexandrie. L'excès des matériaux en Littérature équivaut à leur défaut : dans l'état actuel, nous sommes écrasés, je ne dirai pas seulement sous la quanrité des mauvais Ouvrages, mais même sous celle des bons Livres.

Concluons. Cette fureur de nous travestir en Anciens dans nos Monumens, forme une espece de mascarade, qui, loin d'ajouter à notre dignité, nous rend ridicules. C'est cette manie qui a produit sur la porte S. Martin, la figure grotesque de Louis XIV représenté en Hercule, tout nu, avec une massue & une énorme chevelure. Il faut prendre non le matériel, mais l'esprit des Anciens; & de même qu'un Statuaire moderne doit tâcher de donner aux figures de nos Héros la nobleſſe & l'élévation que les Sculpteurs anciens ſavaient donner à leurs demi-Dieux, mais non leur habillement ou leur nudité, de même mettons dans nos Inſcriptions, ſi nous pouvons, la nobleſſe & la ſimplicité des Inſcriptions antiques, mais non les expreſſions de leur Langue, qui ne peuvent nous convenir.

FIN.